通販ホリックな私たち

しょっぷちゃん アモーレ

Kaoru Tachibana presents

たちばなかおる

TV SHOPPING AND ME

集英社インターナショナル

通販ホリックな私たち

しょっぷちゃん アモーレ

TV SHOPPING AND ME

Contents

第 1 話	ショップチャンネルと私	003
第 2 話	ショップチャンネルと隣人	011
第 3 話	ショップチャンネルと達人	019
第 4 話	ショップチャンネルとママ友	029
第 5 話	ショップチャンネルとシンデレラ	039
第 6 話	ショップチャンネルとNo.1	047
第 7 話	ショップチャンネルとアウトレット	057
第 8 話	ショップチャンネルとBIGセール	067
第 9 話	ショップチャンネルと大創業祭	077
第 10 話	ショップチャンネルと法要	087
第 11 話	ショップチャンネルとプレゼント	097
第 12 話	ショップチャンネルと大掃除	105
第 13 話	ショップチャンネルと年始	113
第 14 話	ショップチャンネルと美貌	121
第 15 話	ショップチャンネルとキャスト	131
第 16 話	ショップチャンネルと福箱	139
最終話	ショップチャンネルと思い出のアルバム	149

買ってよかった! ベスト3	028, 066, 086
かおるちゃんと仲間たち!	096
おまけマンガ	160

★作品中の商品情報や価格は、放送時点のものです。

第1話

ショップチャンネルと私

みなさんはじめまして！
漫画家兼 3児の母

たちばなかおるです

40代半ば 通販番組
ショップチャンネル歴
1年です

ぺこり

我が家は
夫と子どもの
5人暮らし

都内の小さな
一軒家で生活
しています

（ギューギューです）

うちだけ
洗たくものが
大量里

コヤ

長男 ユンタ（小5）は
ダウン症です

最近ようやく
おしゃべりが上手に
なってきました

ママ！

コンタ

バン！

たべたい！
（たべたい）

3

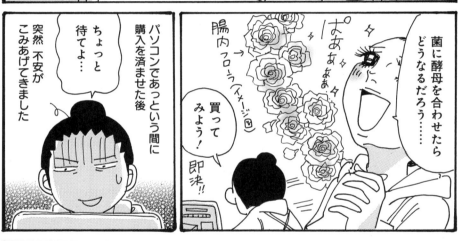

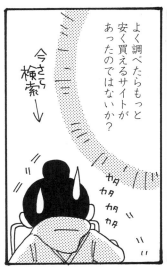

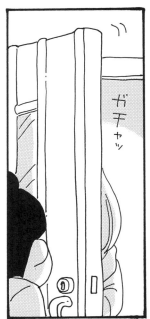

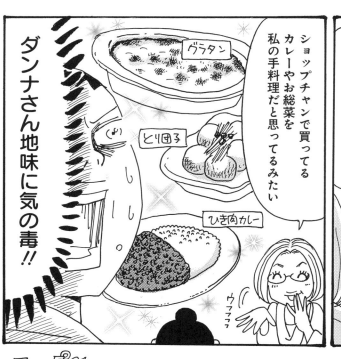

そして1時間が経ち…

※個人の感想です。

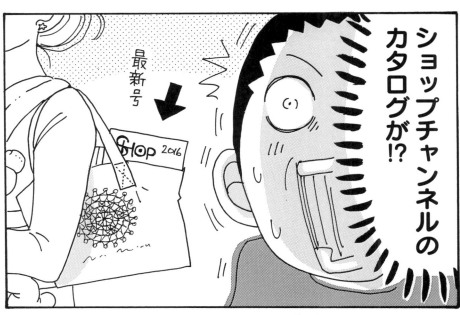

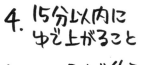

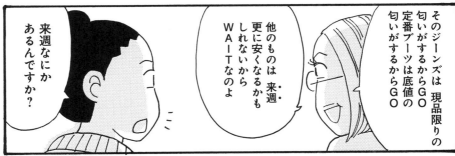

第10話 ショップチャンネルと法要

2016年11月

父が急逝しました

父が亡くなるほんの2か月前のことです

今日は「淑女のフォーマルデイ」か……

9月のカタログ→

私 いい歳して正式な礼服を持ってないんだよね……靴もバッグもない……

これを機に思いきって揃えておくか！

パソコンでLIVE放送スタート！

そう思いたってショップチャンネルで買い揃えた喪服一式…

ブラックフォーマルアンサンブル
ジェット3点セット〈念珠袋つき〉
パンプス
岩佐フォーマルバッグ

これらをまさか2か月後に父のために初めて身につけることになるとは思いもしませんでした

虫の知らせだったのかなぁ……

父の生前の意向により通夜はごく身近な親族だけでこじんまりと取り行いました

Kaoru & Fellows
かおるちゃんと仲間たち！

たちばなかおる
漫画家兼、3児の母親。趣味はホラー映画とプロレス観戦。

たちばな家

夫
8歳年下のデザイナー。思春期前の精神年齢。

ユンタ(小5)
ダウン症のある長男。ゆっくりのんびり成長中！

ダイ(小3)
頭の中の9割をゲームが席巻。偏食家。

イッちゃん
(保育園年長)
食いしん坊。将来の夢は桃太郎。

しょっぷちゃん友達

山口さん
推定50代前半。ご近所さんで、開局からのしょっぷちゃんヘビーユーザー。

マヒナちゃんママ
28歳。イッちゃんと同じ保育園のクラスのマヒナちゃんのママ。ハワイが大好き。

石井さん
山口さんのしょっぷちゃん友達。貴金属をこよなく愛する独身セレブ。

和代
学生時代からの親友。しょっぷちゃん歴10年の中堅ユーザー。

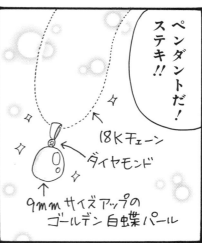

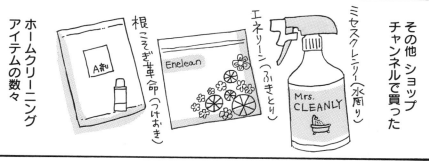

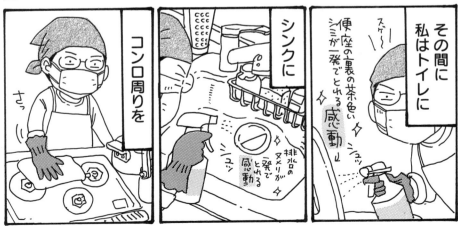

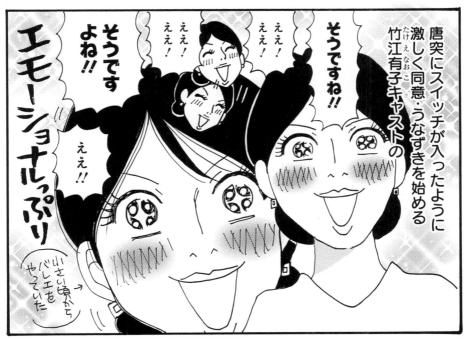

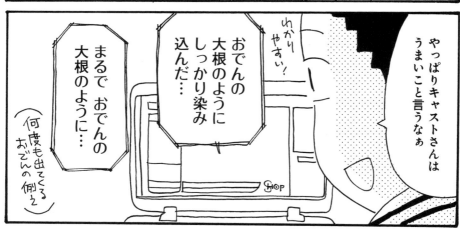

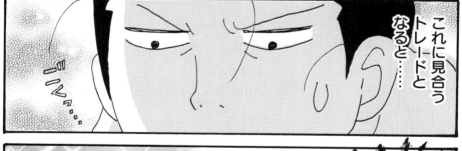

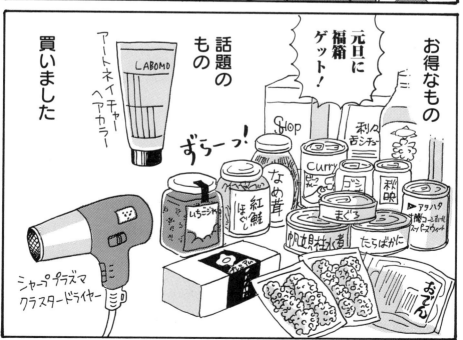

初出
集英社インターナショナルのホームページでWEB掲載された（H28年10月26日更新～H28年12月15日更新）第1話～第6話と、7話目以降の描き下ろし作品を収録しております。

END

しょっぷちゃんアモーレ　通販ホリックな私たち

2017年3月29日　第1刷発行

著　者　　たちばなかおる
発行者　　手島裕明

発行所　　株式会社 集英社インターナショナル
　　　　　〒101-0064 東京都千代田区猿楽町1-5-18
　　　　　電　話　03(5211)2632

発売所　　株式会社 集英社
　　　　　〒101-8050 東京都千代田区一ツ橋2-5-10
　　　　　電　話　読者係 03(3230)6080
　　　　　　　　　販売部 03(3230)6393(書店専用)

デザイン　　津野千枝
編集協力　　荻野文雄
取材協力　　ジュピターショップチャンネル株式会社

プリプレス　株式会社昭和ブライト
印刷所　　　凸版印刷株式会社
製本所　　　ナショナル製本協同組合

定価はカバーに表示してあります。本書の内容の一部または全部を無断で複写・複製することは法律で認められた場合を除き、著作権の侵害となります。造本には十分に注意をしておりますが、乱丁・落丁(本のページ順序の間違いや抜け落ち)の場合はお取り替えいたします。購入された書店名を明記して集英社読者係までお送りください。送料は小社負担でお取り替えいたします。ただし古書店で購入したものについては、お取り替えできません。また、業者など、読者以外による本書のデジタル化は、いかなる場合でも一切認められませんのでご注意ください。

©2017 Kaoru Tachibana Printed in Japan ISBN978-4-7976-7341-8 C0095　　　　　JASRAC 出 1702746-701